Test 1 II/III

AF727141

Inhalte: Leistung, Wirkungsgrad, potenzielle Energie

Zeitbedarf: 20 Minuten

1. Der Pumpkolben einer Hebebühne hebt ein Auto mit einer Masse von $m = 1{,}3$ t in einer Zeit $t = 10$ s um eine Höhe $h = 2{,}0$ m an.
Ermittle die Leistung der Pumpe.
Ortsfaktor: $g = 9{,}81\,\frac{\text{N}}{\text{kg}}$ ___ von 4

2. Eine Pumpe mit einer Leistungsaufnahme von $P = 2\,000$ W und einem Wirkungsgrad von $\eta = 80\,\%$ pumpt in einer Zeit $t = 3{,}5$ h Wasser aus einem 2,0 m tiefen vollgelaufenen Schacht.

   a) Berechne die Betriebskosten der Pumpe, wenn 1 kWh 32 ct kostet. ___ von 3

   b) Wie viel Wasser pumpt die Pumpe in dieser Zeit aus dem Schacht? Gib das Ergebnis in m^3 an.
   Ortsfaktor: $g = 9{,}81\,\frac{\text{N}}{\text{kg}}$; 1 ℓ Wasser ≙ 1 kg ___ von 6

Notenschlüssel

1	2	3	4	5	6
13–12	11–10	9–8	7–6	5–3	2–0

So lange habe ich gebraucht: ______________

So viele Punkte habe ich erreicht: ______________

Test 2 II/III

Inhalte: Leistung, potenzielle Energie, Wirkungsgrad, Dichte, Volumen

Zeitbedarf: 20 Minuten

1. Ein Wanderer mit einer Masse von $m = 73$ kg steigt bei einer Bergtour in einer Zeit $t = 3{,}5$ h auf einen Gipfel.
Ermittle den Höhenunterschied, den er überwindet, wenn seine durchschnittliche Leistung während der Bergtour $P = 90$ W beträgt.
Ortsfaktor: $g = 9{,}81\,\frac{N}{kg}$ ___ von 4

2. Eine Ölförderpumpe mit einem Wirkungsgrad von $\eta = 70\,\%$ fördert in $t = 7{,}0$ h ein Volumen $V = 1\,200\ m^3$ Öl aus einer Tiefe von $h = 60$ m.
Berechne die Leistung, die die Pumpe dem Stromnetz entnimmt.
Dichte Öl: $\rho = 0{,}86\,\frac{g}{cm^3}$; Ortsfaktor: $g = 9{,}81\,\frac{N}{kg}$ ___ von 9

Notenschlüssel

1	2	3	4	5	6
13–12	11–10	9–8	7–6	5–3	2–0

So lange habe ich gebraucht: ______________

So viele Punkte habe ich erreicht: ______________

Test 3 I

Inhalte: Schweredruck, hydraulische Kraftwandler

Zeitbedarf: 20 Minuten

1. Im Erdgeschoss eines Etagenhauses beträgt der Druck in der Wasserleitung 4,0 bar. Ermittle den Wasserdruck in der 4. Etage des Hauses, wenn sich die 4. Etage 14 m über dem Erdgeschoss befindet.
Dichte Wasser: $\rho = 1{,}0\,\frac{kg}{dm^3}$; Ortsfaktor: $g = 9{,}81\,\frac{N}{kg}$ ___ von 4

2. Der Pumpkolben einer hydraulischen Hebebühne wird mit einem Motor, der eine Kraft von 100 N aufbringt, betrieben. Die kreisförmige Querschnittsfläche des Pumpkolbens beträgt 40 cm^2. Es soll damit ein Auto der Masse 1,5 t um 1,8 m angehoben werden. Der Hubkolben hat eine Masse von 600 kg.
   a) Ermittle die Querschnittsfläche des Hubkolbens in dm^2.
   Ortsfaktor: $g = 9{,}81\,\frac{N}{kg}$ ___ von 5

   b) Wie viele Umdrehungen muss der Motor, der den Pumpkolben antreibt, machen, wenn er pro Umdrehung den Pumpkolben um 20 cm nach unten treibt? ___ von 5

Notenschlüssel

1	2	3	4	5	6
14–13	12–11	10–9	8–7	6–4	3–0

So lange habe ich gebraucht: ____________

So viele Punkte habe ich erreicht: ____________

Test 4

Inhalte: Spezifische Wärmekapazität, Erwärmungsgesetz, Wärmeleistung

Zeitbedarf: 20 Minuten

1. Erläutere, worüber die spezifische Wärmekapazität eines Körpers allgemein eine Aussage macht. ___ von 3

2. Ein kleines Wasserbecken hat eine Oberfläche $A = 4{,}5\ m^2$ und eine durchschnittliche Tiefe von $h = 1{,}8\ m$. Während eines Sommertags steigt die Wassertemperatur um 1,1 °C an.
   Spezifische Wärmekapazität Wasser: $c = 4{,}18\ \frac{kJ}{kg \cdot °C}$; $1\ \ell$ Wasser $\hat{=} 1\ kg$

   a) Berechne, welche Wärmemenge das Wasser durch die Sonne während dieses Tages aufgenommen hat. [*Ergebnis:* $Q = 37\ MJ$] ___ von 4

   b) Welche Leistung hat eine elektrische Wärmequelle, wenn sie die gleiche Temperaturänderung in einer Zeit von 2 Stunden erbringt? ___ von 3

3. Berechne, um wie viel Grad Celsius ein Tauchsieder mit einer Leistungsabgabe von 1,2 kW eine Masse von 5,0 kg Wasser in 5 Minuten erwärmen kann. ___ von 4
   Spezifische Wärmekapazität Wasser: $c = 4{,}18\ \frac{kJ}{kg \cdot °C}$

Notenschlüssel

1	2	3	4	5	6
14–13	12–11	10–9	8–7	6–4	3–0

So lange habe ich gebraucht: ______________

So viele Punkte habe ich erreicht: ______________

Test 5 I

Inhalte: Wärmekraftmaschinen

Zeitbedarf: 20 Minuten

1. Erkläre, was man unter einer Wärmekraftmaschine versteht. ___ von 1

2. Beschreibe die Funktionsweise eines Viertakt-Ottomotors, indem du auf die einzelnen Takte eingehst. ___ von 8

3. Erläutere die grundsätzlichen funktionstechnischen und bautechnischen Unterschiede zwischen einem Dieselmotor und einem Benzinmotor. ___ von 4

4. Nenne zwei Vorteile, die ein Elektroauto gegenüber einem Auto mit Verbrennungsmotor hat. ___ von 2

Notenschlüssel

1	2	3	4	5	6
15–14	13–11	10–9	8–7	6–4	3–0

So lange habe ich gebraucht: ______________

So viele Punkte habe ich erreicht: ______________

Test 6

Inhalte: Magnetfeld stromdurchflossener Leiter, Spulen

Zeitbedarf: 20 Minuten

1. a) Beschreibe mithilfe einer Zeichnung einen Versuchsaufbau, mit dem sich nachweisen lässt, dass jeder gerade stromdurchflossene Leiter ein Magnetfeld um sich herum aufbaut. ___ von 2

   b) Welchem Physiker schreibt man diese Entdeckung zu? ___ von 1

2. Zeichne das Magnetfeld eines geraden stromdurchflossenen Leiters und erläutere die darin eingezeichnete Magnetfeldrichtung mithilfe der Linke-Faust-Regel. ___ von 3

3. Wovon ist die Magnetfeldstärke einer stromdurchflossenen Spule abhängig? ___ von 2

4. Zeichne das Magnetfeld einer stromdurchflossenen Spule und erkläre, an welchem Spulenende welcher Pol anliegt.

___ von 4

5. Wo werden stromdurchflossene Spulen technisch genutzt? Nenne zwei Anwendungen.

___ von 2

Notenschlüssel

1	2	3	4	5	6
14–13	12–11	10–9	8–7	6–4	3–0

So lange habe ich gebraucht: ______________

So viele Punkte habe ich erreicht: ______________

Test 7

Inhalte: Elektrische Arbeit, elektrische Energie, elektrische Spannung, elektrische Leistung
Zeitbedarf: 20 Minuten

Eine Autobatterie (12 V, 44 Ah) soll einen Reisetauchsieder betreiben.

a) Berechne die gesamte in der Batterie gespeicherte elektrische Energie.
[*Ergebnis:* $W = 1{,}9$ MJ] ___ von 4

b) Was kostet es, die Batterie komplett aufzuladen, wenn 1 kWh 32 ct kostet? ___ von 3

c) Nimm an, dass der Tauchsieder einen Wirkungsgrad von 80 % hat und die Autobatterie beim Betreiben des Tauchsieders vollständig entleert wird.
Berechne, auf welche Temperatur der Tauchsieder 7,0 kg Wasser mit einer Ausgangstemperatur von 20 °C dann erwärmen kann.
Spezifische Wärmekapazität Wasser: $c = 4{,}18 \frac{\text{kJ}}{\text{kg} \cdot °\text{C}}$ ___ von 6

Notenschlüssel

1	2	3	4	5	6
13–12	11–10	9–8	7–6	5–3	2–0

So lange habe ich gebraucht: ____________

So viele Punkte habe ich erreicht: ____________

Test 8

Inhalte: Widerstand, spezifischer Widerstand, elektrische Leistung

Zeitbedarf: 20 Minuten

1. Eine Taschenlampenbatterie versorgt eine kleine Glühbirne mit einer Spannung von 3,0 V, wobei die Stromstärke $I = 0{,}2$ A beträgt.

   a) Welchen Widerstand hat das Lämpchen? [*Ergebnis:* $R = 15\ \Omega$] ___ von 2

   b) Wie lang ist der Wolframdraht im Lämpchen, wenn der Draht einen Durchmesser von $d = 0{,}1$ mm hat?
   Spezifischer elektrischer Widerstand Wolfram: $\rho = 0{,}055\ \frac{\Omega \cdot mm^2}{m}$ ___ von 4

   c) Berechne die elektrische Leistung des Lämpchens. ___ von 2

2. Eine 20 Kilometer lange Kupferleitung soll einen Widerstand von 25 Ω nicht überschreiten. Welche Masse an Kupfer benötigt man?

Spezifischer elektrischer Widerstand Kupfer: $\rho_{el} = 0{,}017 \frac{\Omega \cdot mm^2}{m}$

Dichte Kupfer: $\rho = 8{,}93 \frac{kg}{dm^3}$

_____ von

Notenschlüssel

1	2	3	4	5	6
13–12	11–10	9–8	7–6	5–3	2–0

So lange habe ich gebraucht: ____________

So viele Punkte habe ich erreicht: ____________

Lösungen

Test 1

1. 4 Minuten,

geg.: $m = 1{,}3\ t = 1{,}3 \cdot 10^3\ kg$; $t = 10\ s$; $h = 2{,}0\ m$
ges.: P

$$P = \frac{m \cdot g \cdot h}{t}$$

$$P = \frac{1{,}3 \cdot 10^3\ kg \cdot 9{,}81\ \frac{N}{kg} \cdot 2{,}0\ m}{10\ s}$$

$$P = 2{,}6\ kW$$

2. a) 6 Minuten,

geg.: $P = 2\,000\ W$; $t = 3{,}5\ h$; Energiepreis: $32\ \frac{ct}{kWh}$
ges.: Kosten K

Aufgenommene elektrische Energie:

$$W = P \cdot t$$

$$W = 2\,000\ W \cdot 3{,}5\ h = 2{,}000\ kW \cdot 3{,}5\ h$$

$$W = 7{,}0\ kWh$$

Kosten:

$$K = 7{,}0\ kWh \cdot 32\ \frac{ct}{kWh} = 224\ ct = 2{,}24\ €$$

b) 10 Minuten,

geg.: $\eta = 80\ \% = 0{,}80$; $P = 2\,000\ W$; $t = 3{,}5\ h$; $h = 2{,}0\ m$
ges.: V

Für die Nutzenergie gilt:

$$W_{nutz} = \eta \cdot W_{zu} = \eta \cdot P \cdot t$$

Die Nutzenergie wird hier in potenzielle Energie des Wassers umgewandelt:

$$W_{nutz} = m \cdot g \cdot h \iff m = \frac{W_{nutz}}{g \cdot h}$$

$$m = \frac{\eta \cdot P \cdot t}{g \cdot h}$$

2 Einsetzen der Zahlenwerte liefert:

$$m = \frac{0{,}80 \cdot 2\,000\ \text{W} \cdot 3{,}5\ \text{h}}{9{,}81\,\frac{\text{N}}{\text{kg}} \cdot 2{,}0\ \text{m}}$$

$$m = \frac{0{,}80 \cdot 2\,000\ \text{W} \cdot 3{,}5 \cdot 60 \cdot 60\ \text{s}}{9{,}81\,\frac{\text{N}}{\text{kg}} \cdot 2{,}0\ \text{m}}$$

$$m = 1{,}0 \cdot 10^6\ \text{kg}$$

Umrechnung der Masse des Wassers in das Volumen des Wassers:

$1\ \ell \mathrel{\hat{=}} 1\ \text{kg}$, damit gilt für das Volumen:

$$V = 1{,}0 \cdot 10^6\ \ell = 1{,}0 \cdot 10^6\ \text{dm}^3$$

$$V = 1{,}0 \cdot 10^3\ \text{m}^3$$

Test 2

1. 8 Minuten,

geg.: P = 90 W; m = 73 kg; t = 3,5 h
ges.: h

$$P = \frac{m \cdot g \cdot h}{t} \quad \Leftrightarrow \quad h = \frac{P \cdot t}{m \cdot g}$$

$$h = \frac{90\ \text{W} \cdot 3{,}5 \cdot 3\,600\ \text{s}}{73\ \text{kg} \cdot 9{,}81\ \frac{\text{N}}{\text{kg}}}$$

$$h = 1{,}6\ \text{km}$$

2. 12 Minuten,

geg.: $\eta = 70\ \% = 0{,}70$; $t = 7{,}0$ h; $V = 1\,200\ \text{m}^3$; $h = 60$ m;
$\rho = 0{,}86\ \frac{\text{g}}{\text{cm}^3} = 0{,}86 \cdot 10^3\ \frac{\text{kg}}{\text{m}^3}$
ges.: P_{zu}

Die Nutzleistung ist die Leistung, mit der die Pumpe das Öl fördert:

$$P_{nutz} = \frac{m \cdot g \cdot h}{t} \quad \text{und} \quad \rho = \frac{m}{V} \quad \Leftrightarrow \quad m = \rho \cdot V$$

$$P_{nutz} = \frac{\rho \cdot V \cdot g \cdot h}{t}$$

$$P_{nutz} = \frac{0{,}86 \cdot 10^3\ \frac{\text{kg}}{\text{m}^3} \cdot 1\,200\ \text{m}^3 \cdot 9{,}81\ \frac{\text{N}}{\text{kg}} \cdot 60\ \text{m}}{7{,}0 \cdot 3\,600\ \text{s}}$$

$$P_{nutz} = 24\ \text{kW}$$

Die zugeführte Leistung ist die Leistung, die die Pumpe dem Stromnetz entnimmt:

$$\eta = \frac{P_{nutz}}{P_{zu}} \quad \Leftrightarrow \quad P_{zu} = \frac{P_{nutz}}{\eta}$$

$$P_{zu} = \frac{24\ \text{kW}}{0{,}70}$$

$$P_{zu} = 34\ \text{kW}$$

Test 3

1. 6 Minuten,

geg.: $p_E = 4{,}0$ bar; $h = 14$ m; $\rho = 1{,}0 \frac{kg}{dm^3} = 1{,}0 \cdot 10^3 \frac{kg}{m^3}$
ges.: p_4

Schweredruck des Wassers im Erdgeschoss:

$$p_S = \rho \cdot g \cdot h$$

$$p_S = 1{,}0 \cdot 10^3 \frac{kg}{m^3} \cdot 9{,}81 \frac{N}{kg} \cdot 14\ m$$

$$p_S = 1{,}4 \cdot 10^5\ Pa = 1{,}4\ bar$$

Der Druck p_4 in der 4. Etage ist die Differenz aus p_E und p_S:

$$p_4 = 4{,}0\ bar - 1{,}4\ bar = 2{,}6\ bar$$

2. a) 7 Minuten,

geg.: $m = 1\,500\ kg + 600\ kg = 2\,100\ kg$; $F_1 = 100$ N; $A_1 = 40\ cm^2$
ges.: A_2

In der Flüssigkeit herrscht überall derselbe Druck $p = \frac{F}{A}$, daher gilt:

$$\frac{F_2}{A_2} = \frac{F_1}{A_1} \quad \Leftrightarrow \quad A_2 = \frac{F_2}{F_1} \cdot A_1 \qquad \text{mit } F_2 = F_G = m \cdot g$$

$$A_2 = \frac{m \cdot g}{F_1} \cdot A_1$$

$$A_2 = \frac{2\,100\ kg \cdot 9{,}81 \frac{N}{kg}}{100\ N} \cdot 40\ cm^2$$

$$A_2 = 8{,}2 \cdot 10^3\ cm^2 = 82\ dm^2$$

b) 7 Minuten,

geg.: $F_1 = 100$ N; $F_2 = 2\,100\ kg \cdot 9{,}81 \frac{N}{kg}$; $s_2 = 1{,}8$ m
ges.: Anzahl der Umdrehungen n

Die Arbeit $W = F \cdot s$ ist an beiden Kolben gleich:

$$F_1 \cdot s_1 = F_2 \cdot s_2 \quad \Leftrightarrow \quad s_1 = \frac{F_2 \cdot s_2}{F_1}$$

$$s_1 = \frac{2\,100\ kg \cdot 9{,}81 \frac{N}{kg} \cdot 1{,}8\ m}{100\ N}$$

$$s_1 = 371\ m$$

Der Motor treibt den Pumpkolben pro Umdrehung um 20 cm = 0,20 m nach unten. $\Rightarrow$ Anzahl der Umdrehungen für 371 m: $n = 371\ m : 0{,}20\ m = 1855$

Test 4

1. 3 Minuten,

   Die spezifische Wärmekapazität macht eine Aussage darüber, wie viel Energie man benötigt, um die Temperatur eines Stoffes, der eine Masse von 1 kg hat, um 1 Grad Celsius zu erhöhen.

2. a) 6 Minuten,

   geg.: $A = 4{,}5\ \text{m}^2$; $h = 1{,}8\ \text{m}$; $c = 4{,}18\ \frac{\text{kJ}}{\text{kg} \cdot °\text{C}}$; $\Delta\vartheta = 1{,}1\ °\text{C}$
   ges.: Q

   Volumen und Masse des Wassers:

   $$V = A \cdot h = 4{,}5\ \text{m}^2 \cdot 1{,}8\ \text{m} = 8{,}1\ \text{m}^3 = 8{,}1 \cdot 10^3\ \ell \Rightarrow m = 8{,}1 \cdot 10^3\ \text{kg}$$

   Wärmemenge:

   $$Q = c \cdot m \cdot \Delta\vartheta$$

   $$Q = 4{,}18\ \frac{\text{kJ}}{\text{kg} \cdot °\text{C}} \cdot 8{,}1 \cdot 10^3\ \text{kg} \cdot 1{,}1\ °\text{C}$$

   $$Q = 3{,}7 \cdot 10^4\ \text{kJ} = 37\ \text{MJ}$$

   b) 5 Minuten,

   geg.: $Q = 37\ \text{MJ}$; $t = 2\ \text{h}$
   ges.: P

   $$P = \frac{Q}{t}$$

   $$P = \frac{37\ \text{MJ}}{2 \cdot 3\,600\ \text{s}}$$

   $$P = 5{,}1 \cdot 10^3\ \text{W} = 5{,}1\ \text{kW}$$

3. 6 Minuten,

   geg.: $P = 1\,200\ \text{W}$; $m = 5{,}0\ \text{kg}$; $t = 5\ \text{min}$; $c = 4{,}18\ \frac{\text{kJ}}{\text{kg} \cdot °\text{C}}$
   ges.: $\Delta\vartheta$

   $$P = \frac{Q}{t} \text{ mit } Q = c \cdot m \cdot \Delta\vartheta$$

   $$P = \frac{c \cdot m \cdot \Delta\vartheta}{t} \Leftrightarrow \Delta\vartheta = \frac{P \cdot t}{c \cdot m}$$

   $$\Delta\vartheta = \frac{1{,}2\ \text{kW} \cdot 5 \cdot 60\ \text{s}}{4{,}18\ \frac{\text{kJ}}{\text{kg} \cdot °\text{C}} \cdot 5{,}0\ \text{kg}}$$

   $$\Delta\vartheta = 17\ °\text{C}$$

Test 5

1. 2 Minuten,

Eine Wärmekraftmaschine wandelt innere Energie in mechanisch nutzbare Energie um.

2. 10 Minuten,

1. Takt = Ansaugtakt: Einlassventil geöffnet, Auslassventil geschlossen, der Kolben bewegt sich nach unten, das Benzin-Luft-Gemisch strömt aus dem Vergaser in den Zylinder.

2. Takt = Verdichtungstakt: Beide Ventile sind geschlossen, der Kolben bewegt sich nach oben und verdichtet das Benzin-Luft-Gemisch stark, wodurch auch die Temperatur ansteigt.

3. Takt = Arbeitstakt: Beide Ventile geschlossen, die Zündkerze zündet das Benzin-Luft-Gemisch, der Kolben wird nach unten gestoßen.

4. Takt = Auspufftakt: Einlassventil geschlossen, Auslassventil geöffnet, der Kolben bewegt sich nach oben und drückt die verbrannten Gase aus dem Zylinder.

3. 5 Minuten,

Ein Dieselmotor saugt reine Luft an und benötigt deshalb keinen Vergaser. Die Luft wird dabei stärker verdichtet als bei einem Benzinmotor, sodass der Dieselkraftstoff durch Einspritzung selbst zündet. Dies macht die Zündkerze beim Dieselmotor überflüssig, erfordert aber eine stabilere Bauweise des gesamten Motorblocks. Damit ist die Masse eines Dieselmotors meist größer als die Masse eines Benzinmotors.

4. 3 Minuten,

- Beim Motorbetrieb entsteht kein CO_2.
- Ein Elektromotor hat einen wesentlich höheren Wirkungsgrad.

1. a) 3 Minuten,

Versuchsaufbau zum Nachweis eines Magnetfeldes um einen stromdurchflossenen Leiter:

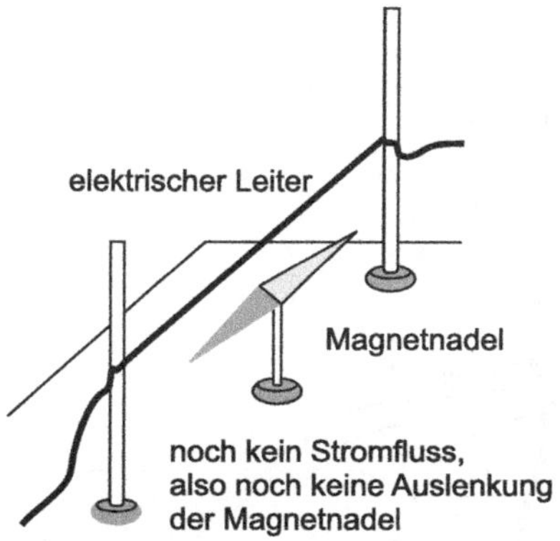

b) 1 Minute,

Hans Christian Oersted

2. 6 Minuten,

Magnetfeld eines geraden stromdurchflossenen Leiters:

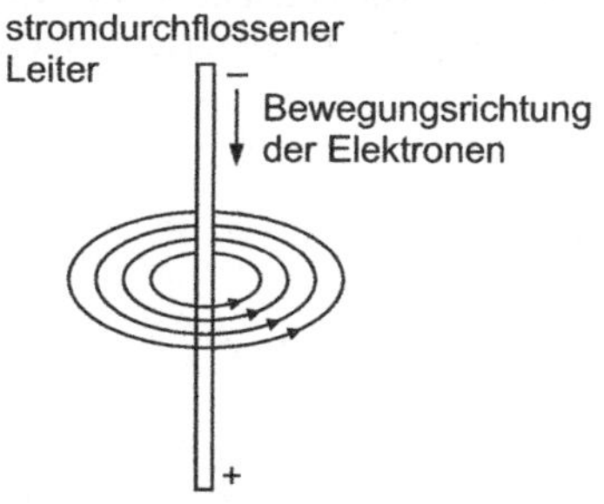

Die Feldlinien verlaufen in konzentrischen Kreisen um den geraden Leiter. Zeigt der Daumen der linken Hand in Richtung des tatsächlichen Stromflusses, also von – nach +, so zeigen die zur Faust geschlossenen Finger die Richtung der Magnetfeldlinien an.

3. 2 Minuten,

Die Magnetfeldstärke ist von der Anzahl der Windungen pro Längeneinheit abhängig. Je mehr Windungen pro Längeneinheit, desto stärker das Magnetfeld. Außerdem ist die Magnetfeldstärke von der Stromstärke durch die Spule abhängig.

4. 6 Minuten,

Zeichnung: Spule mit magnetischen Polen

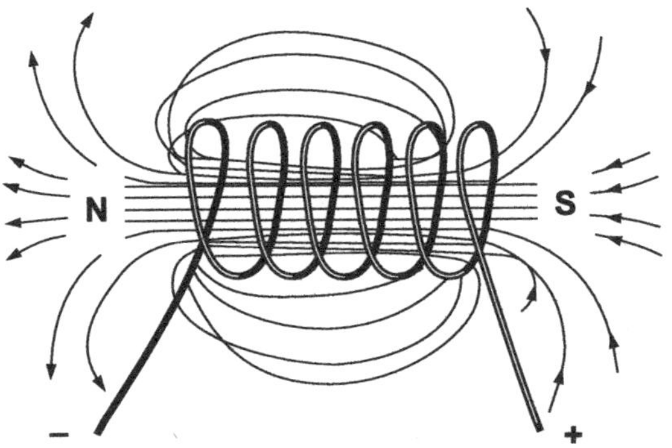

Hilfreich ist die Vorstellung, dass die Spule entlang ihrer Achse aufgeschnitten wird. Dann erhält man unten stehendes Bild für die fließenden Elektronen (vom Minuspol zum Pluspol) und kann mit der Linke-Faust-Regel die Lage der magnetischen Pole bestimmen. Denn außerhalb eines Magneten oder einer Spule beginnen die magnetischen Feldlinien stets am Nordpol und zeigen zum Südpol.

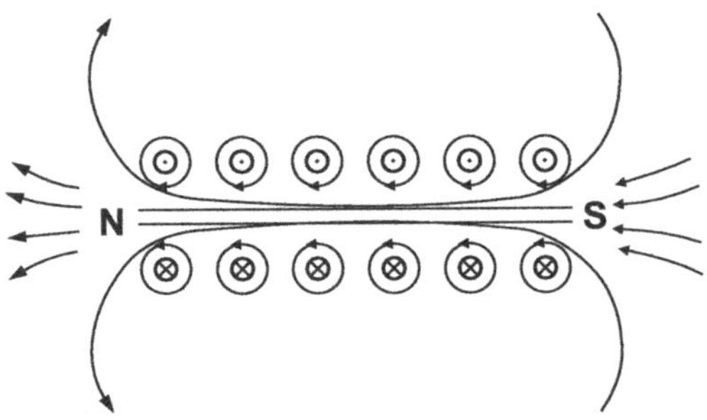

5. 2 Minuten,

- Elektromagnet
- Elektrische Klingel

Test 7

a) 6 Minuten,

geg.: U = 12 V; Q = 44 Ah
ges.: W

$W = U \cdot Q$

$W = 12\ V \cdot 44 \cdot 3\,600\ As$

$W = 1{,}9\ MJ$

b) 6 Minuten,

geg.: $W = 1{,}9\ MJ$; $K = 32\ \frac{ct}{kWh}$
ges.: Gesamtkosten GK

Umrechnung in kWh:

$W = 1{,}9\ MJ = 1{,}9 \cdot \frac{1}{3{,}6}\ kWh$

$W = 0{,}53\ kWh$

Gesamtkosten:

$GK = 0{,}53\ kWh \cdot 32\ \frac{ct}{kWh}$

$GK = 17\ ct$

c) 8 Minuten,

geg.: $m = 7{,}0\ kg$; $W_{zu} = 1{,}9\ MJ$; $\eta = 80\ \% = 0{,}80$; $c = 4{,}18\ \frac{kJ}{kg \cdot °C}$; $\vartheta_1 = 20\ °C$
ges.: ϑ_{End}

Vom Tauchsieder verrichtete Arbeit:

$W_{nutz} = \eta \cdot W_{zu}$

$W_{nutz} = 0{,}80 \cdot 1{,}9\ MJ = 1{,}5\ MJ = 1{,}5 \cdot 10^3\ kJ$

Temperaturunterschied und Endtemperatur:

$$Q = c \cdot m \cdot \Delta\vartheta \Leftrightarrow \Delta\vartheta = \frac{Q}{c \cdot m}$$

$$\Delta\vartheta = \frac{1{,}5 \cdot 10^3\ kJ}{4{,}18 \frac{kJ}{kg \cdot °C} \cdot 7{,}0\ kg}$$

$$\Delta\vartheta = 51\ °C$$

$$\vartheta_{End} = \vartheta_1 + \Delta\vartheta$$

$$\vartheta_{End} = 71\ °C$$

Test 8

1. a) 3 Minuten,

geg.: U = 3,0 V; I = 0,20 A
ges.: R

$$R = \frac{U}{I}$$

$$R = \frac{3{,}0\ \text{V}}{0{,}20\ \text{A}} = 15\ \Omega$$

b) 6 Minuten,

geg.: d = 0,1 mm; R = 15 Ω; $\rho = 0{,}055\ \frac{\Omega \cdot \text{mm}^2}{\text{m}}$
ges.: ℓ

$$R = \rho \cdot \frac{\ell}{A} \Leftrightarrow \ell = \frac{R \cdot A}{\rho}$$

$$\ell = \frac{R \cdot r^2 \cdot \pi}{\rho}$$

$$\ell = \frac{R \cdot \left(\frac{d}{2}\right)^2 \cdot \pi}{\rho}$$

$$\ell = \frac{15\ \Omega \cdot (0{,}05\ \text{mm})^2 \cdot \pi}{0{,}055\ \frac{\Omega \cdot \text{mm}^2}{\text{m}}}$$

$$\ell = 2{,}1\ \text{m}$$

c) 3 Minuten,

geg.: U = 3,0 V; I = 0,2 A
ges.: P

$$P = U \cdot I$$

$$P = 3{,}0\ \text{V} \cdot 0{,}2\ \text{A} = 0{,}6\ \text{W}$$

2. 8 Minuten,

geg.: $\ell = 20\ \text{km};\ R = 25\ \Omega;\ \rho_{el} = 0{,}017\ \frac{\Omega \cdot \text{mm}^2}{\text{m}};\ \rho = 8{,}93\ \frac{\text{kg}}{\text{dm}^3}$

ges.: m

Querschnittsfläche:

$$R = \rho_{el} \cdot \frac{\ell}{A} \Leftrightarrow A = \frac{\rho_{el} \cdot \ell}{R}$$

$$A = \frac{0{,}017\ \frac{\Omega \cdot \text{mm}^2}{\text{m}} \cdot 20 \cdot 10^3\ \text{m}}{25\ \Omega}$$

$$A = 13{,}6\ \text{mm}^2$$

Volumen:

$$V = \ell \cdot A$$

$$V = 20 \cdot 10^3\ \text{m} \cdot 13{,}6 \cdot 10^{-6}\ \text{m}^2$$

$$V = 0{,}27\ \text{m}^3 = 0{,}27 \cdot 10^3\ \text{dm}^3$$

Masse:

$$m = \rho \cdot V$$

$$m = 8{,}93\ \frac{\text{kg}}{\text{dm}^3} \cdot 0{,}27 \cdot 10^3\ \text{dm}^3$$

$$m = 2{,}4 \cdot 10^3\ \text{kg}$$

Schulaufgabe 1

1. a) 2 Minuten,

   Die Arbeit ist festgelegt als das Produkt aus Kraft und Weg: $W = F \cdot s$
   Die Einheit der Arbeit ist 1 J (Joule).

   b) 2 Minuten,

   Man unterscheidet z. B. Hubarbeit, Verformungsarbeit, Reibungsarbeit und Beschleunigungsarbeit.

   c) 2 Minuten,

   Energie ist gespeicherte Arbeit.

   d) 2 Minuten,

   Arbeit ist eine Prozess- bzw. Übertragungsgröße, Energie ist eine Zustands- bzw. Speichergröße.

   e) 6 Minuten,

   Im Punkt B hat die Kugel die maximale potenzielle, aber keine kinetische Energie. Auf dem Weg zu Punkt A nimmt die potenzielle Energie ab und die kinetische zu. Im Punkt A hat die Kugel dann die maximale kinetische, aber keine potenzielle Energie mehr. Auf dem Weg nach C nimmt nun die kinetische Energie wieder ab und die potenzielle zu, ehe im Punkt C (aus energetischer Sicht) wieder der Ausgangszustand erreicht ist.

   f) 2 Minuten,

   Bei jeder mechanischen Energieumwandlung wird ein Teil der Energie durch Reibung in innere Energie umgewandelt.

   g) 3 Minuten,

   Der Wirkungsgrad ist der Anteil der bereitgestellten Energie E_{zu}, der genutzt wird. Er macht eine Aussage über die Güte der Energieumwandlung und ist definiert als Quotient:

   $$\eta = \frac{E_{nutz}}{E_{zu}}$$

   h) 3 Minuten,

   Bei einer solchen Maschine wäre die genutzte Arbeit genauso groß wie die zugeführte Energie. Solche Maschinen gibt es in der Praxis nicht, da bei jeder Energieumwandlung Energieformen entstehen, die nicht weiter nutzbar sind, wie etwa Reibungswärme.

13

2. a) 4 Minuten,

Eine feste Rolle ändert die Richtung einer Kraft (Umlenkrolle), jede lose Rolle halbiert den Betrag der aufzubringenden Zugkraft.

Anmerkung:
Die Abbildung dient nur der Erklärung.

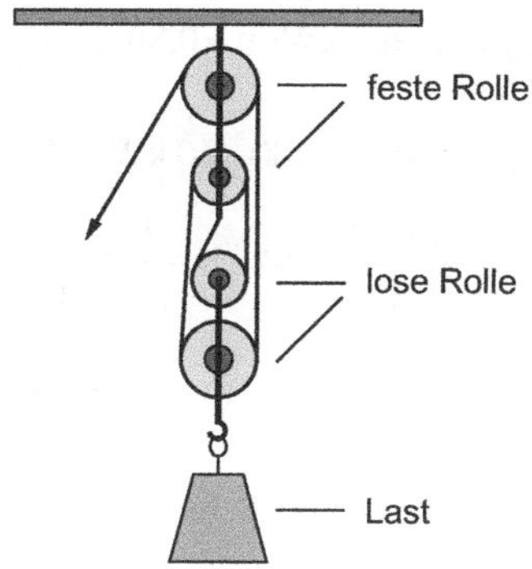

b) 3 Minuten,

Bei der Verwendung einer schiefen Ebene ist zwar die Kraft, die man benötigt, um einen Gegenstand anzuheben, geringer; der Weg jedoch, den man benötigt, ist umso länger (Kraft und Weg sind zueinander indirekt proportional).

c) 2 Minuten,

Anwendungen der schiefen Ebene sind etwa Passstraßen, Laderampen, Schrauben und Keile.

3. a) 4 Minuten,

geg.: $P = 600\ W$; $t = 30\ min = 0{,}5\ h$; Kosten pro $kWh = 32\ ct$
ges.: E; K

Benötigte Energie:
$E = P \cdot t$

$E = 600\ W \cdot 0{,}5\ h = 0{,}3\ kWh$

Kosten:

$$K = 0{,}3\ kWh \cdot 32\ \frac{ct}{kWh}$$

$K = 10\ ct$

b) 5 Minuten,

geg.: $P_{zu} = 6{,}0\,kW$; $\eta = 0{,}80$; $t = 15\,s$; $m = 200\,kg$
ges.: m

$$P_{nutz} = \eta \cdot P_{zu} = 0{,}80 \cdot 6{,}0\,kW = 4{,}8\,kW$$

$$P_{nutz} = \frac{m \cdot g \cdot h}{t} \Leftrightarrow h = \frac{P_{nutz} \cdot t}{m \cdot g}$$

$$h = \frac{4{,}8\,kW \cdot 15\,s}{200\,kg \cdot 9{,}81\,\frac{N}{kg}}$$

$$h = 37\,m$$

c) 5 Minuten,

geg.: $W = 280\,kJ = 2{,}80 \cdot 10^5\,J$; $P = 340\,W$
ges.: t

$$P = \frac{W}{t} \Leftrightarrow t = \frac{W}{P}$$

$$t = \frac{2{,}80 \cdot 10^5\,J}{340\,W}$$

$$t = 824\,s$$

$$t = 13\,min\ 44\,s$$

Schulaufgabe 2

1. a) 2 Minuten,

Die innere Energie setzt sich aus der kinetischen und der potenziellen Energie der Teilchen zusammen.

b) 3 Minuten,

Die kinetische Energie macht eine Aussage über die Geschwindigkeit der Teilchen und damit über die Temperatur eines Körpers.
Die potenzielle Energie macht eine Aussage über den Abstand der Teilchen und somit über das Volumen und den Aggregatzustand eines Körpers.

c) 2 Minuten,

Die innere Energie kann man durch die Zufuhr von Wärme oder durch das Verrichten mechanischer Arbeit erhöhen.

2. a) 3 Minuten,

Der wesentliche Unterschied zwischen Wärmeleitung und Wärmestrahlung ist, dass bei der Wärmestrahlung keine Materie notwendig ist.

b) 3 Minuten,

- hohe Temperatur des Körpers
- große Oberfläche
- dunkle und raue Oberfläche

c) 5 Minuten,

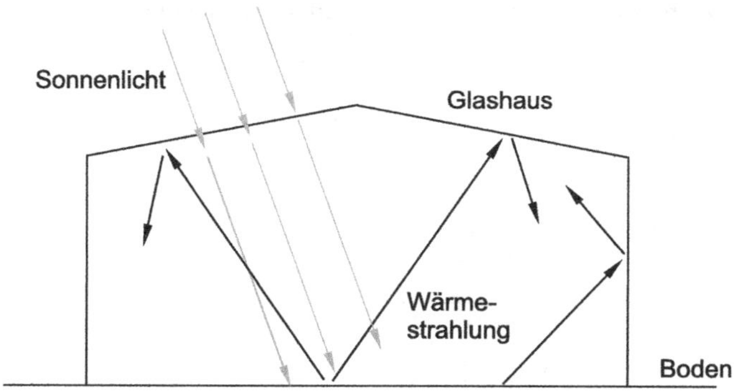

Energiereiches Sonnenlicht trifft auf das Glas und durchdringt es. Es wird vom Boden absorbiert und als energieärmere Wärmestrahlung emittiert. Diese kann das Glas nicht mehr durchdringen und wird am Dach und an den Wänden des Glashauses reflektiert. Die Temperatur im Glashaus steigt an.

d) 5 Minuten,

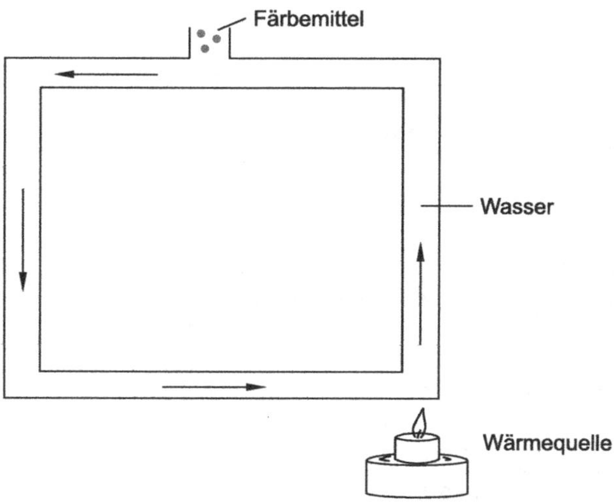

An der Erwärmungsstelle nimmt das Volumen der Flüssigkeit zu und somit ihre Dichte ab. Es entsteht ein Dichteunterschied und ein Wasserfluss bzw. Wasserkreislauf setzt ein, um den Dichteunterschied auszugleichen.

Mithilfe des Färbemittels, das sukzessive dazugegeben wird, kann der Wasserfluss sichtbar gemacht werden.

e) 3 Minuten,

- Der Deckel verhindert Konvektion.
- Die verspiegelte Innenfläche verhindert Wärmestrahlung.
- Die Doppelwand mit Vakuum verhindert Wärmeleitung.

3. a) 4 Minuten,

geg.: $m = 500\text{ g}$; $Q = 4{,}0\text{ kJ}$; $c = 0{,}38\,\frac{\text{kJ}}{\text{kg}\cdot{}^\circ\text{C}}$; $\vartheta_1 = 20\,^\circ\text{C}$
ges.: ϑ_{End}

$$Q = c \cdot m \cdot \Delta\vartheta \quad \Leftrightarrow \quad \Delta\vartheta = \frac{Q}{c \cdot m}$$

$$\Delta\vartheta = \frac{4{,}0\text{ kJ}}{0{,}38\,\frac{\text{kJ}}{\text{kg}\cdot{}^\circ\text{C}} \cdot 0{,}500\text{ kg}}$$

$$\Delta\vartheta = 21\,^\circ\text{C}$$

$$\vartheta_{End} = \vartheta_1 + \Delta\vartheta$$
$$\vartheta_{End} = 41\,^\circ\text{C}$$

b) 3 Minuten,

geg.: $Q = 4{,}0\text{ kJ}$; $t = 0{,}5\text{ min}$
ges.: P

$$P = \frac{Q}{t}$$

$$P = \frac{4{,}0 \cdot 10^3\text{ kJ}}{0{,}5 \cdot 60\text{ s}}$$

$$P = 0{,}13\text{ kW}$$

c) 4 Minuten,

geg.: $P = 1{,}5\text{ kW}$; $t = 12\text{ min}$; $\Delta\vartheta = 20\,^\circ\text{C}$; $c = 4{,}18\,\frac{\text{kJ}}{\text{kg}\cdot{}^\circ\text{C}}$
ges.: m

$$P = \frac{Q}{t} \text{ mit } Q = c \cdot m \cdot \Delta\vartheta$$

$$P = \frac{c \cdot m \cdot \Delta\vartheta}{t} \quad \Leftrightarrow \quad m = \frac{P \cdot t}{c \cdot \Delta\vartheta}$$

$$m = \frac{1{,}5\text{ kW} \cdot 12 \cdot 60\text{ s}}{4{,}18\,\frac{\text{kJ}}{\text{kg}\cdot{}^\circ\text{C}} \cdot 20\,^\circ\text{C}}$$

$$m = 13\text{ kg}$$

d) 8 Minuten,

geg.: $m_1 = 80\ \text{kg}$; $m_2 = 200\ \text{g}$; $h = 20\ \text{m}$; $c = 0{,}90\,\frac{\text{kJ}}{\text{kg}\cdot{}^\circ\text{C}} = 0{,}90\cdot 10^3\,\frac{\text{J}}{\text{kg}\cdot{}^\circ\text{C}}$
ges.: $\Delta\vartheta$

$$m_1 \cdot g \cdot h = c \cdot m_2 \cdot \Delta\vartheta \quad \Leftrightarrow \quad \Delta\vartheta = \frac{m_1 \cdot g \cdot h}{c \cdot m_2}$$

$$\Delta\vartheta = \frac{80\ \text{kg} \cdot 9{,}81\,\frac{\text{N}}{\text{kg}} \cdot 20\ \text{m}}{0{,}90\cdot 10^3\,\frac{\text{J}}{\text{kg}\cdot{}^\circ\text{C}} \cdot 0{,}200\ \text{kg}}$$

$$\Delta\vartheta = 87\ {}^\circ\text{C}$$

Schulaufgabe 3

1. a) 2 Minuten,

geg.: $m_W = 0{,}200\ \text{kg}$; $\vartheta_1 = 20\ {}^\circ\text{C}$; $c_W = 4{,}18\,\frac{\text{kJ}}{\text{kg}\cdot{}^\circ\text{C}}$; $\vartheta_m = 37\ {}^\circ\text{C}$
ges.: Q

$$Q = c_W \cdot m_W \cdot \Delta\vartheta$$

$$Q = c_W \cdot m_W \cdot (\vartheta_m - \vartheta_1)$$

$$Q = 4{,}18\,\frac{\text{kJ}}{\text{kg}\cdot{}^\circ\text{C}} \cdot 0{,}200\ \text{kg} \cdot (37\ {}^\circ\text{C} - 20\ {}^\circ\text{C})$$

$$Q = 14\ \text{kJ}$$

b) 3 Minuten,

geg.: $Q = 14\ \text{kJ}$; $m_G = 0{,}250\ \text{kg}$; $\vartheta_m = 37\ {}^\circ\text{C}$; $c_G = 2{,}43\,\frac{\text{kJ}}{\text{kg}\cdot{}^\circ\text{C}}$
ges.: ϑ_1

$$Q = c_G \cdot m_G \cdot \Delta\vartheta \Leftrightarrow \Delta\vartheta = \frac{Q}{c_G \cdot m_G}$$

$$\Delta\vartheta = \frac{14\ \text{kJ}}{2{,}43\,\frac{\text{kJ}}{\text{kg}\cdot{}^\circ\text{C}} \cdot 0{,}250\ \text{kg}}$$

$$\Delta\vartheta = 23\ {}^\circ\text{C}$$

$$\vartheta_1 = \vartheta_m + \Delta\vartheta$$

$$\vartheta_1 = 60\ {}^\circ\text{C}$$

2. 7 Minuten,

geg.: $m_k = 1{,}0\ \text{kg}$; $\vartheta_k = 20\ °\text{C}$; $c_W = c_k = 4{,}18\ \frac{\text{kJ}}{\text{kg}\cdot °\text{C}}$; $m_h = 100\ \text{g} = 0{,}100\ \text{kg}$;
$c_E = c_h = 0{,}46\ \frac{\text{kJ}}{\text{kg}\cdot °\text{C}}$; $\vartheta_h = 250\ °\text{C}$

ges.: ϑ_m

$$c_h \cdot m_h \cdot (\vartheta_h - \vartheta_m) = c_k \cdot m_k \cdot (\vartheta_m - \vartheta_k)$$

$$\Leftrightarrow \quad c_h \cdot m_h \cdot \vartheta_h - c_h \cdot m_h \cdot \vartheta_m = c_k \cdot m_k \cdot \vartheta_m - c_k \cdot m_k \cdot \vartheta_k$$

$$\Leftrightarrow \quad c_k \cdot m_k \cdot \vartheta_m + c_h \cdot m_h \cdot \vartheta_m = c_h \cdot m_h \cdot \vartheta_h + c_k \cdot m_k \cdot \vartheta_k$$

$$\Leftrightarrow \quad (c_k \cdot m_k + c_h \cdot m_h) \cdot \vartheta_m = c_h \cdot m_h \cdot \vartheta_h + c_k \cdot m_k \cdot \vartheta_k$$

$$\Leftrightarrow \quad \vartheta_m = \frac{c_h \cdot m_h \cdot \vartheta_h + c_k \cdot m_k \cdot \vartheta_k}{c_k \cdot m_k + c_h \cdot m_h}$$

$$\vartheta_m = \frac{0{,}46\ \frac{\text{kJ}}{\text{kg}\cdot °\text{C}} \cdot 0{,}100\ \text{kg} \cdot 250\ °\text{C} + 4{,}18\ \frac{\text{kJ}}{\text{kg}\cdot °\text{C}} \cdot 1{,}0\ \text{kg} \cdot 20\ °\text{C}}{4{,}18\ \frac{\text{kJ}}{\text{kg}\cdot °\text{C}} \cdot 1{,}0\ \text{kg} + 0{,}100\ \text{kg} \cdot 0{,}46\ \frac{\text{kJ}}{\text{kg}\cdot °\text{C}}}$$

$$\vartheta_m = 23\ °\text{C}$$

3. a) 4 Minuten,

geg.: $T_1 = 21\ °\text{C} = 294\ \text{K}$; $p_1 = 1\,013\ \text{hPa}$; $V_1 = 900\ \text{m}^3$; $T_2 = 4\ °\text{C} = 277\ \text{K}$;
$p_2 = 200\ \text{hPa}$

ges.: V_2

$$\frac{p_1 \cdot V_1}{T_1} = \frac{p_2 \cdot V_2}{T_2} \quad \Leftrightarrow \quad V_2 = \frac{p_1 \cdot V_1 \cdot T_2}{T_1 \cdot p_2}$$

$$V_2 = \frac{1\,013\ \text{hPa} \cdot 900\ \text{m}^3 \cdot 277\ \text{K}}{294\ \text{K} \cdot 200\ \text{hPa}}$$

$$V_2 = 4\,295\ \text{m}^3$$

b) 4 Minuten,

geg.: $V_2 = 0{,}5 \cdot V_1$; $T_2 = 4 \cdot T_1$

ges.: p_2

Allgemeines Gasgesetz: $\frac{p_1 \cdot V_1}{T_1} = \frac{p_2 \cdot V_2}{T_2} \quad \Leftrightarrow \quad p_2 = \frac{p_1 \cdot V_1 \cdot T_2}{T_1 \cdot V_2}$

$$p_2 = \frac{p_1 \cdot V_1 \cdot 4 \cdot T_1}{T_1 \cdot 0{,}5 \cdot V_1}$$

$$p_2 = 8p_1$$

Der Druck verachtfacht sich, wenn bei einer festen Gasmenge die Temperatur vervierfacht und das Volumen halbiert wird.

c) 4 Minuten,

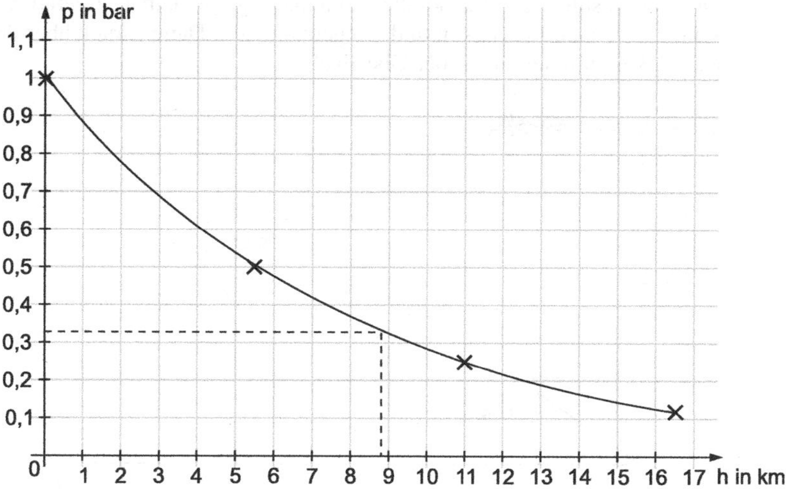

Auf dem Mount Everest herrscht ein Luftdruck von ca. 0,32 bar.

d) 3 Minuten,

Otto von Guericke brachte zwei Halbkugeln zusammen und pumpte aus diesen die Luft heraus. Dann spannte er an jeder Seite der Halbkugeln acht Pferde an. Der Luftdruck war jedoch so groß, dass es den Pferden nicht gelang, die Halbkugeln wieder zu trennen.
Erst als Guericke einen Hahn öffnete, damit wieder Luft in die Kugel gelangte, fielen die Halbkugeln auseinander.

4. a) 4 Minuten,

Nur den schnellsten Teilchen der Flüssigkeit gelingt es, gegen die anziehenden Kräfte der Teilchen der Flüssigkeit in den Gasraum auszutreten. Dadurch sinkt die mittlere kinetische Energie der übrigen Teilchen ab.

Die Temperatur der Flüssigkeit kühlt unter die Umgebungstemperatur ab und die Flüssigkeit nimmt somit Wärme aus der Umgebung auf, woraufhin auch diese abkühlt (Verdunstungskälte).

Dadurch werden die Teilchen im Mittel wieder schneller und können die Flüssigkeit verlassen. Dieser Vorgang setzt sich so lange fort, bis die Flüssigkeit vollständig verdunstet ist.

b) 2 Minuten,

Beim Verdunsten findet die Gasbildung an der freien Oberfläche statt, beim Sieden im Inneren der Flüssigkeit. Verdunsten findet bei jeder Temperatur statt, Sieden nur bei einer festen, stoffabhängigen Siedetemperatur.

c) 2 Minuten,

Die Verdunstungsgeschwindigkeit ist abhängig von dem Temperaturunterschied zwischen Flüssigkeit und Umgebung, dem Dampfdruck über der Flüssigkeit und der Größe der Oberfläche.

d) 4 Minuten,

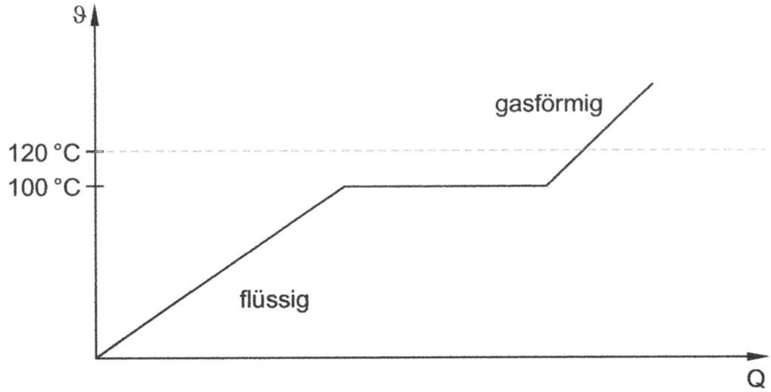

Zunächst steigt die Temperatur des Wassers bis zur Siedetemperatur an. Danach wird die gesamte zugeführte Wärme dazu genutzt, den Abstand der Teilchen zu vergrößern. Deshalb ändert sich zwar die potenzielle Energie der Teilchen, nicht aber ihre kinetische, wodurch die Temperatur konstant bleibt. Wenn alle Flüssigkeit verdampft ist, steigt die Temperatur des Dampfes wegen der geringeren spezifischen Wärmekapazität stärker an, als es bei Wasser der Fall war.

5. a) 2 Minuten,

Der Leiter bewegt sich nach oben.

Mit der Linke-Hand-Regel (Drei-Finger-Regel der linken Hand) gilt Folgendes:

- Der Daumen zeigt in die Richtung, in die die Elektronen fließen (also nach links).
- Der Zeigefinger zeigt in Richtung der Magnetfeldlinien (also in die Blattebene).
- Dann zeigt der Mittelfinger nach oben. Das ist die Richtung, in die sich der Leiter bewegt.

b) 4 Minuten,

Zeichnung:

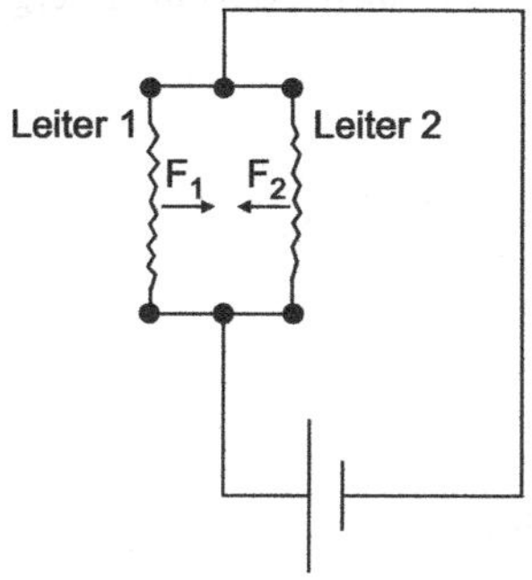

Die beiden Leiter 1 und 2 ziehen sich gegenseitig an, wenn der Strom in Leiter 1 und Leiter 2 in die gleiche Richtung fließt und sie nahe nebeneinander angeordnet sind.

Schulaufgabe 4

1. a) 6 Minuten,

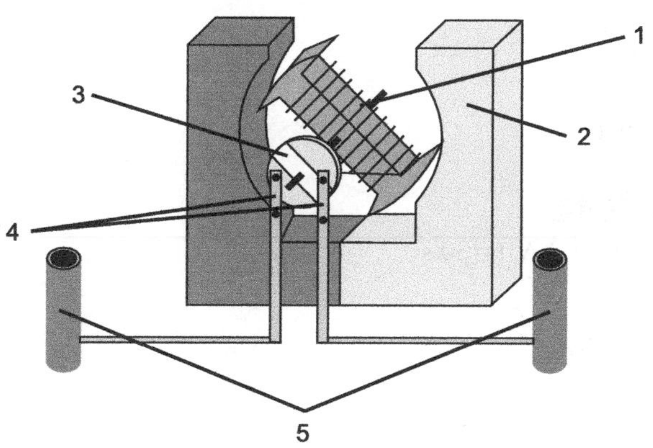

1 → Rotor; 2 → Magnet; 3 → Kommutator; 4 → Bürsten;
5 → Anschlussklemmen

b) 3 Minuten,

Der Kommutator sorgt für eine Umpolung des Stroms durch die Rotorspule nach jeder halben Umdrehung. Diese Umpolungen ermöglichen es, dass der Rotor sich stets in die gleiche Richtung dreht.

2. a) 3 Minuten,

Dieser Satz ist falsch. Elektrischer Strom wird nicht verbraucht, sondern seine Energie wird umgewandelt. Außerdem ist die Einheit kWh eine Energieeinheit.

b) 5 Minuten,

geg.: $P = 1{,}5\ \text{kW};\ t = 30\ \text{min} = 0{,}5\ \text{h};\ K = 32\,\frac{\text{ct}}{\text{kWh}}$
ges.: Gesamtkosten GK

Elektrische Energie:

$$P = \frac{W}{t} \Leftrightarrow W = P \cdot t$$

$$W = 1{,}5\ \text{kW} \cdot 0{,}5\ \text{h} = 0{,}75\ \text{kWh}$$

Gesamtkosten:

$$GK = 0{,}75\ \text{kWh} \cdot 32\,\frac{\text{ct}}{\text{kWh}}$$

$$GK = 24\ \text{ct}$$

3. a) 4 Minuten,

geg.: $I = 1{,}2\ \text{A};\ t = 0{,}5\ \text{min} = 30\ \text{s}$
ges.: Q

$$I = \frac{Q}{t} \Leftrightarrow Q = I \cdot t$$

$$Q = 1{,}2\ \text{A} \cdot 30\ \text{s}$$

$$Q = 36\ \text{C}$$

b) 4 Minuten,

geg.: $U = 6{,}0\ \text{V};\ I = 1{,}2\ \text{A};\ t = 30\ \text{s}$
ges.: W

$$W = U \cdot I \cdot t$$

$$W = 6{,}0\ \text{V} \cdot 1{,}2\ \text{A} \cdot 30\ \text{s}$$

$$W = 0{,}22\ \text{kJ}$$

c) 4 Minuten,

geg.: $U = 6{,}0\ \text{V};\ I = 1{,}2\ \text{A}$
ges.: P

$$P = U \cdot I$$

$$P = 6{,}0\ \text{V} \cdot 1{,}2\ \text{A}$$

$$P = 7{,}2\ \text{W}$$

4. 8 Minuten,

geg.: $t = 5\ \text{min} = 300\ \text{s}$; $m = 2\,000\ \text{kg}$; $U = 1{,}2\ \text{kV}$; $I = 30\ \text{A}$; $\eta = 0{,}80$

ges.: h

Nutzenergie:

$$W_{nutz} = \eta \cdot W_{zu}$$

$$W_{nutz} = \eta \cdot U \cdot I \cdot t$$

$$W_{nutz} = 0{,}80 \cdot 1{,}2\ \text{kV} \cdot 30\ \text{A} \cdot 300\ \text{s}$$

$$W_{nutz} = 8{,}6\ \text{MJ}$$

Höhendifferenz:

$$W_{nutz} = m \cdot g \cdot h \iff h = \frac{W_{nutz}}{m \cdot g}$$

$$h = \frac{8{,}6 \cdot 10^6\ \text{J}}{2\,000\ \text{kg} \cdot 9{,}81\ \frac{\text{N}}{\text{kg}}}$$

$$h = 0{,}44\ \text{km}$$

5. 8 Minuten,

geg.: $t = 3\ \text{min} = 180\ \text{s}$; $m = 500\ \text{g} = 0{,}500\ \text{kg}$; $\Delta\vartheta = 70\ °\text{C}$; $U = 230\ \text{V}$;
$I = 4{,}4\ \text{A}$; $c = 4{,}18\ \frac{\text{kJ}}{\text{kg} \cdot °\text{C}}$

ges.: P_{auf}; P_{ab}; η

Leistungsaufnahme:

$$P_{auf} = U \cdot I$$

$$P_{auf} = 230\ \text{V} \cdot 4{,}4\ \text{A}$$

$$P_{auf} = 1{,}0\ \text{kW}$$

Leistungsabgabe:

$$P_{ab} = \frac{Q}{t} \quad \text{mit } Q = c \cdot m \cdot \Delta\vartheta$$

$$P_{ab} = \frac{4{,}18\ \frac{\text{kJ}}{\text{kg} \cdot °\text{C}} \cdot 0{,}500\ \text{kg} \cdot 70\ °\text{C}}{180\ \text{s}}$$

$$P_{ab} = 0{,}81\ \text{kW}$$

Wirkungsgrad:

$$\eta = \frac{P_{ab}}{P_{auf}}$$

$$\eta = \frac{0{,}81\,\text{kW}}{1{,}0\,\text{kW}}$$

$$\eta = 0{,}81$$

$$\eta = 81\,\%$$

Schulaufgabe 5

1. 8 Minuten,

geg.: $U = 230\ \text{V};\ I = 4{,}3\ \text{A};\ m = 2{,}0\ \text{kg};\ \eta = 0{,}85;\ \Delta\vartheta = 75\ °\text{C};\ c = 4{,}18\,\frac{\text{kJ}}{\text{kg} \cdot °\text{C}}$
ges.: t

Benötigte Wärmemenge:

$$Q = c \cdot m \cdot \Delta\vartheta$$

$$Q = 4{,}18\,\frac{\text{kJ}}{\text{kg} \cdot °\text{C}} \cdot 2{,}0\,\text{kg} \cdot 75\,°\text{C}$$

$$Q = 0{,}63\,\text{MJ}$$

Zugeführte elektrische Energie:

$$\eta = \frac{W_{nutz}}{W_{zu}} \quad \text{mit } W_{nutz} = Q$$

$$\eta = \frac{Q}{W_{zu}} \Leftrightarrow W_{zu} = \frac{Q}{\eta}$$

$$W_{zu} = \frac{0{,}63\,\text{MJ}}{0{,}85}$$

$$W_{zu} = 0{,}74\,\text{MJ}$$

Zeitdauer:

$$P = \frac{W_{zu}}{t} \Leftrightarrow t = \frac{W_{zu}}{P}$$

$$t = \frac{W_{zu}}{U \cdot I}$$

$$t = \frac{0{,}74 \cdot 10^6\,\text{J}}{230\,\text{V} \cdot 4{,}3\,\text{A}}$$

$$t = 748\,\text{s}$$

$$t = 12\,\text{min}\ 28\,\text{s}$$

2. 7 Minuten,

geg.: $t = 15\ min = 900\ s$; $V = 20\ m^3$; $h = 3{,}0\ m$; $U = 230\ V$; $I = 5{,}0\ A$

ges.: η

Masse des Wassers:

$$\rho = \frac{m}{V} \Leftrightarrow m = \rho \cdot V$$

$$m = 1{,}0 \frac{kg}{dm^3} \cdot 20 \cdot 10^3\ dm^3$$

$$m = 2{,}0 \cdot 10^4\ kg$$

Wirkungsgrad:

$$\eta = \frac{P_{nutz}}{P_{zu}} \text{ mit } P_{nutz} = \frac{m \cdot g \cdot h}{t} \text{ und } P_{zu} = U \cdot I$$

$$\eta = \frac{\frac{m \cdot g \cdot h}{t}}{U \cdot I} = \frac{m \cdot g \cdot h}{U \cdot I \cdot t}$$

$$\eta = \frac{2{,}0 \cdot 10^4\ kg \cdot 9{,}81 \frac{N}{kg} \cdot 3{,}0\ m}{230\ V \cdot 5{,}0\ A \cdot 900\ s}$$

$$\eta = 0{,}57$$

3. a) 3 Minuten,

geg.: $U = 230\ V$; $P = 100\ W$

ges.: I

$$P = U \cdot I \Leftrightarrow I = \frac{P}{U}$$

$$I = \frac{100\ W}{230\ V}$$

$$I = 0{,}435\ A$$

b) 3 Minuten,

geg.: $P = 100\ W$; $t = 8{,}0\ h$; $K = 32 \frac{ct}{kWh}$

ges.: Gesamtkosten GK

Elektrische Energie:

$$W = P \cdot t$$

$$W = 100\ W \cdot 8{,}0\ h$$

$$W = 0{,}80\ kWh$$

Gesamtkosten:

$$GK = 0{,}80\,\text{kWh} \cdot 32\,\frac{\text{ct}}{\text{kWh}}$$

$$GK = 26\,\text{ct}$$

c) 3 Minuten,

geg.: $W = 1{,}0\,\text{kWh}$, $P = 100\,\text{W}$

ges.: t

$$P = \frac{W}{t} \Leftrightarrow t = \frac{W}{P}$$

$$t = \frac{1{,}0 \cdot 10^3\,\text{Wh}}{100\,\text{W}}$$

$$t = 10\,\text{h}$$

4. 3 Minuten,

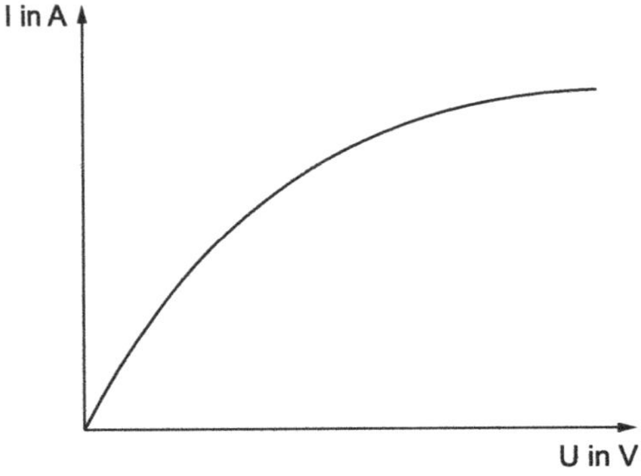

Mit zunehmender Spannung nimmt die Stromstärke immer weniger stark zu. Ursache dafür ist die Tatsache, dass sich der Leiter immer mehr erwärmt, wodurch die Atomrümpfe im Inneren des Leiters immer heftiger um ihre Ruhelage schwingen und so die Bewegung der frei beweglichen Elektronen behindern.

5. a) 3 Minuten,

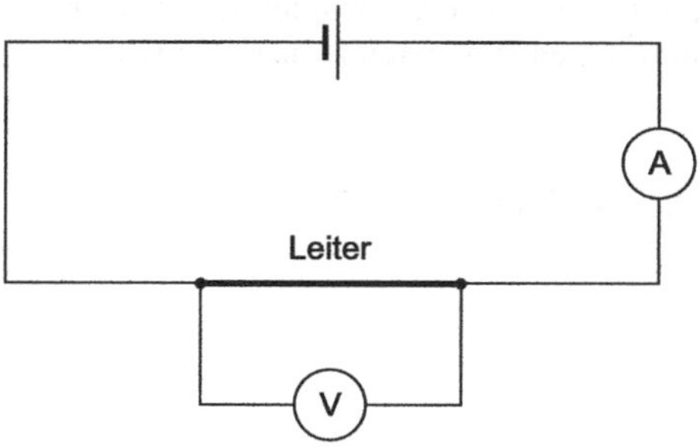

b) 6 Minuten,

Rechnerische Auswertung:

ℓ in m	0,0	0,25	0,50	0,75	1,0
U in V	0,0	1,0	1,4	1,6	1,7
I in A	0,0	1,35	0,95	0,75	0,60
$R = \frac{U}{I}$ in Ω		0,74	1,5	2,1	2,8
$\frac{R}{\ell}$ in $\frac{\Omega}{m}$		3,0	3,0	2,8	2,8

Grafische Auswertung:

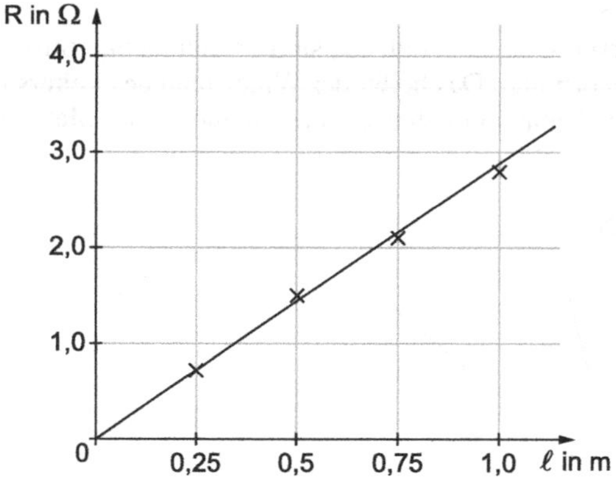

c) 2 Minuten,

Der Widerstand eines Leiters ist direkt proportional zu seiner Länge. Dies ist an der Ursprungshalbgeraden in der grafischen Auswertung und an der Quotientengleichheit in der rechnerischen Auswertung zu erkennen.

6. a) 2 Minuten,

Dieser Zahlenwert besagt, dass ein 1 m langer Kupferdraht mit einer Querschnittsfläche von 1 mm^2 einen Widerstand von 0,017 Ω hat.

b) 5 Minuten,

geg.: $U = 0{,}50\ \text{V};\ I = 0{,}25\ \text{A};\ \ell = 10\ \text{m};\ \rho = 0{,}017\ \frac{\Omega \cdot \text{mm}^2}{\text{m}}$
ges.: A

Widerstand:

$$R = \frac{U}{I}$$
$$R = \frac{0{,}50\ \text{V}}{0{,}25\ \text{A}}$$
$$R = 2{,}0\ \Omega$$

Querschnittsfläche:

$$R = \rho \cdot \frac{\ell}{A} \Leftrightarrow A = \frac{\rho \cdot \ell}{R}$$
$$A = \frac{0{,}017\ \frac{\Omega \cdot \text{mm}^2}{\text{m}} \cdot 10\ \text{m}}{2{,}0\ \Omega}$$
$$A = 0{,}085\ \text{mm}^2$$

Schulaufgabe 6

1. a) 4 Minuten,

Da der Graph eine Ursprungshalbgerade ist, sind Spannung und Stromstärke zueinander direkt proportional. Das heißt, der Widerstand des Leiters ist unabhängig von seiner Temperatur stets gleich. Ein mögliches Material ist Konstantan.

b) 3 Minuten,

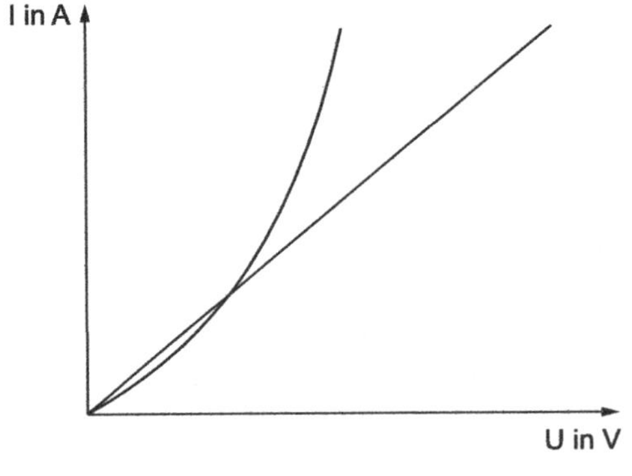

2. a) 6 Minuten,

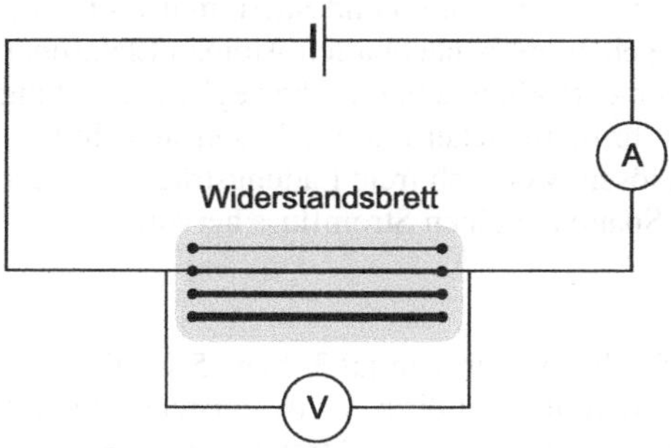

Auf einem Widerstandsbrett befinden sich mehrere Drähte mit gleicher Länge und aus gleichem Material, aber mit verschiedenen Querschnittsflächen. Für jeden Draht werden Spannung und Stromstärke gemessen.

b) 4 Minuten,

Der Versuch zeigt, dass der elektrische Widerstand indirekt proportional zu der Querschnittsfläche des Drahtes ist. Dies bedeutet, dass sich z. B. bei einer Verdoppelung der Querschnittsfläche der elektrische Widerstand halbiert.

c) 3 Minuten,

Der elektrische Widerstand ist allgemein definiert als Quotient aus Spannung und Stromstärke: $R = \frac{U}{I}$. Seine Einheit ist: $[R] = 1\,\frac{V}{A} = 1\,\Omega$ („Ohm").

d) 4 Minuten,

Der elektrische Widerstand ist für alle Leiter als Quotient $R = \frac{U}{I}$ definiert, auch wenn er bei veränderter Temperatur nicht konstant bleibt. Das Gesetz von Ohm besagt $U \sim I$ und damit $R = \text{const.}$, was nur für sehr wenige Leiter wie etwa Konstantan gilt.

e) 4 Minuten,

Man wird beobachten, dass die Stromstärke durch den Leiter zunimmt, wenn man ihn im Eiswasser kühlt, da der elektrische Widerstand der meisten metallischen Leiter von der Temperatur des Leiters abhängt. Ursache hierfür sind die mit einer Herabsenkung der Temperatur verbundenen geringeren Eigenschwingungen der Atomrümpfe im Leiter.

3\. a) 6 Minuten,

Ein Halbleitermaterial wie z. B. Germanium und Silizium hat 4 Elektronen in der äußeren Schale. Diese gehen mit benachbarten Atomen Elektronenpaarbindungen ein. Somit stehen eigentlich keine frei beweglichen Ladungsträger zur Verfügung. Durch Zufuhr thermischer Energie lassen sich einige Elektronenpaarbindungen lösen, wodurch freie Ladungsträger entstehen und diese beim Anlegen einer Spannung einen Stromfluss hervorrufen.

b) 3 Minuten,

Beim Dotieren werden in das Halbleitermaterial 3- bzw. 5-wertige Atome in das Halbleitermaterial eingedampft. Auf diese Weise entstehen zusätzliche frei bewegliche Ladungsträger in Form von Elektronen oder Löchern, die die Leitfähigkeit um ein Vielfaches erhöhen.

c) 8 Minuten,

Durch das Zusammenbringen eines p- und n-leitenden Halbleitermaterials entsteht in der Grenzschicht eine ladungsträgerarme Zone und es kommt zum Aufbau einer Spannung, der sogenannten Antidiffusionsspannung. Diese ist der „Motor" der Solarzelle. Dringt nun Sonnenlicht durch die dünne n-Schicht, werden in der p-Schicht Elektronen aus ihrer Bindung herausgelöst und zur n-Schicht hin beschleunigt. Über einen Verbraucher fließen diese dann wieder zurück zur p-Schicht.

Schulaufgabe 1 II/III

Inhalte: Arbeit, Energie, Wirkungsgrad, Kraftwandler, Leistung

Zeitbedarf: 45 Minuten

1. Arbeit, Energie und Wirkungsgrad

a) Wie ist die physikalische Größe Arbeit festgelegt und welche Einheit hat sie? ___ von 2

b) Nenne vier verschiedene Arten der mechanischen Arbeit. ___ von 2

c) Was versteht man in der Physik unter dem Begriff Energie? ___ von 1

d) Erkläre, worin sich die Größen Arbeit und Energie unterscheiden. ___ von 2

e) Beschreibe, welche Energieumwandlungen die Kugel in der Abbildung theoretisch auf ihrem Weg von B über A nach C erfährt. ___ von 3

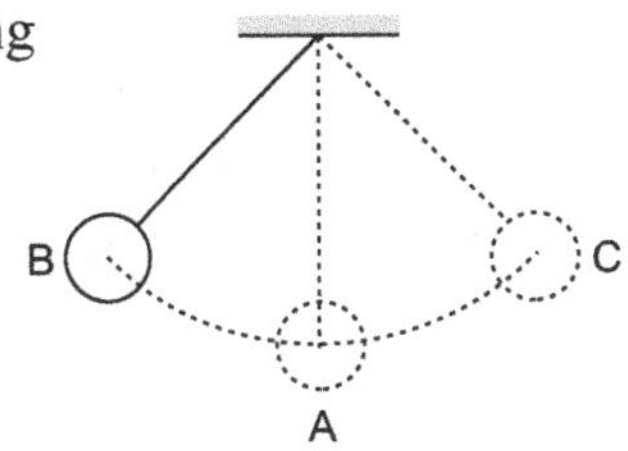

f) Warum wird die Kugel aus Teilaufgabe 1e in der Praxis im Punkt C nicht mehr genau die Ausgangshöhe wie im Punkt B erreichen? ___ von 2

g) Erkläre den Begriff Wirkungsgrad. ___ von 2

h) Erläutere, was für Maschinen mit Wirkungsgrad 1 gelten würde. Warum gibt es solche Maschinen in der Praxis nicht? ___ von 2

2. **Kraftwandler**

a) Benenne die Bauteile, aus denen ein Flaschenzug besteht, und erkläre die Funktionsweise. ___ von 4

b) Erkläre anhand der schiefen Ebene, welcher Vorteil, aber auch welcher Nachteil allen Kraftwandlern gemeinsam ist. ___ von 2

c) Nenne zwei Anwendungen der schiefen Ebene aus dem Alltag. ___ von 2

3. **Arbeit, Energie und Leistung**

a) Ein Staubsauger hat eine Leistung von 600 W und wird 30 min betrieben.
Ermittle die Energie, die der Staubsauger in dieser Zeit benötigt. Was kostet diese Energie, wenn für 1 kWh 32 ct bezahlt werden müssen? ___ von 4

b) Ein elektrischer Baukran wird mit einer Leistung von 6,0 kW und einem Wirkungsgrad von 0,80 betrieben. Er hebt eine Last von 200 kg über eine Zeitspanne von 15 s an.
In welcher Höhe befindet sich die Last nach dem Hebevorgang, wenn sie vorher am Boden lag?
Ortsfaktor: $g = 9{,}81\,\frac{N}{kg}$ ___ von 5

c) Ein Treppenläufer in einem Hochhaus leistet durchschnittlich 340 W. Insgesamt verrichtet er eine Hubarbeit von 280 kJ.
Wie lange war der Läufer unterwegs? Gib das Ergebnis in Minuten und Sekunden an. ___ von 3

Notenschlüssel

1	2	3	4	5	6
36–32	31–27	26–21	20–15	14–8	7–0

So lange habe ich gebraucht: ______________

So viele Punkte habe ich erreicht: ______________

Schulaufgabe 2 II/III

Inhalte: Energieformen, Wärmetransport, Erwärmungsgesetz
Zeitbedarf: 45 Minuten

1. **Energieformen**

   a) Nenne die Energieformen, aus denen sich die innere Energie eines Körpers zusammensetzt. ___ von 1

   b) Worüber machen diese einzelnen Energieformen eine Aussage? Erkläre am Teilchenmodell und betrachte auch die Auswirkung auf den ganzen Körper. ___ von 4

   c) Nenne zwei Möglichkeiten, wie man die innere Energie eines Körpers erhöhen kann. ___ von 1

2. **Wärmetransport**

   a) Beschreibe einen wesentlichen Unterschied zwischen Wärmeleitung und Wärmestrahlung. ___ von 1

   b) Gib drei Merkmale an, die grundlegend für eine gute Wärmeabstrahlung eines Körpers sind. ___ von 3

c) Erkläre den Treibhauseffekt in einem Glashaus mit einer Zeichnung. ___ von 4

d) Skizziere einen Versuch zum Nachweis der Konvektion und beschreibe diesen. ___ von 3

e) Wie verhindert eine Thermoskanne alle Arten der Wärmeübertragung? ___ von 3

3. Erwärmungsgesetz

Einem Stück Kupfer mit einer Temperatur von $\vartheta_1 = 20\,°C$ und einer Masse von 500 g wird eine Energie von 4,0 kJ durch Wärme zugeführt.

a) Welche Temperatur ϑ_{End} hat das Kupferstück nach der Energiezufuhr?
Spezifische Wärmekapazität Kupfer: $c = 0{,}38\,\frac{kJ}{kg \cdot °C}$ ___ von 4

b) Welche Leistung hat eine Heizröhre, wenn diese Erwärmung in 0,5 min stattfindet? ___ von 3

c) Welche Masse Wasser kann ein Tauchsieder mit einer Leistung von 1,5 kW in 12 min um 20 °C erwärmen?
Spezifische Wärmekapazität Wasser: $c = 4{,}18\,\frac{kJ}{kg \cdot °C}$ ___ von 3

d) Bei einem Bergrettungseinsatz wird ein Notarzt mit einer Masse von 80 kg von einem Hubschrauber aus über eine Seilwinde 20 m tief abgeseilt. 17

Berechne, um wie viel Grad Celsius sich dabei die 200 g schwere Umlenkrolle aus Aluminium theoretisch erwärmt.

Spezifische Wärmekapazität Aluminium: $c = 0{,}90 \frac{\text{kJ}}{\text{kg} \cdot {}^\circ\text{C}}$

Ortsfaktor: $g = 9{,}81 \frac{\text{N}}{\text{kg}}$

Hinweis:

Du kannst davon ausgehen, dass der Unterschied der potenziellen Energie vollständig in Form von Wärme an die Umlenkrolle abgegeben wird. ___ von 5

Notenschlüssel

1	2	3	4	5	6
35–31	30–26	25–21	20–16	15–8	7–0

So lange habe ich gebraucht: ____________

So viele Punkte habe ich erreicht: ____________

Schulaufgabe 3 I

Inhalte: Erwärmungsgesetz, Mischungsgesetz, Luftdruck, allgemeines Gasgesetz, Verdunsten, Verdampfen, Kraft auf stromdurchflossene Leiter

Zeitbedarf: 45 Minuten

1. **Erwärmungsgesetz**

200 g Wasser mit einer Temperatur von 20 °C wird mit 250 g Glycerin, das eine höhere Temperatur als das Wasser hat, gemischt. Es stellt sich eine Mischungstemperatur von 37 °C ein.

Spezifische Wärmekapazität von Wasser: $c_W = 4{,}18\,\frac{kJ}{kg \cdot °C}$

Spezifische Wärmekapazität von Glycerin: $c_G = 2{,}43\,\frac{kJ}{kg \cdot °C}$

a) Berechne, welche Wärmemenge das Wasser aufgenommen hat. [*Ergebnis:* 14 kJ] ___ von 3

b) Welche Temperatur hatte das Glycerin vor der Durchmischung? Nutze für diese Berechnung das Ergebnis aus Teilaufgabe a. ___ von 2

2. **Mischungsgesetz**

In einem ideal isolierten Gefäß wird 1,0 kg Wasser mit einer Temperatur von 20 °C mit 100 g Eisenkugeln gemischt, die eine Temperatur von 250 °C haben.
Berechne die Mischungstemperatur, wenn keinerlei Wärmeverluste auftreten.

Spezifische Wärmekapazität von Wasser: $c_W = 4{,}18\,\frac{kJ}{kg \cdot °C}$

Spezifische Wärmekapazität von Eisen: $c_E = 0{,}46\,\frac{kJ}{kg \cdot °C}$ ___ von 4

3. Luftdruck und allgemeines Gasgesetz

a) Ein Heißluftballon wird bei einer Temperatur von 21 °C und einem Luftdruck von 1 013 hPa mit 900 m^3 Helium gefüllt. In einer bestimmten Höhe beträgt der Luftdruck noch 200 hPa und die Temperatur 4 °C.
Berechne das Volumen des Heliums in dieser Höhe. ___ von 3

b) Wie ändert sich der Druck in einer abgeschlossenen Gasmenge, wenn die Temperatur vervierfacht und das Volumen halbiert wird? Begründe mit dem allgemeinen Gasgesetz. ___ von 3

c) Der Luftdruck auf Meereshöhe beträgt ca. 1,0 bar. Mit zunehmender Höhe halbiert sich dieser in etwa alle 5,5 km.
Stelle diesen Zusammenhang in dem Diagramm bis zu einer Höhe von 16 500 m dar und entnimm dem Diagramm, welcher Luftdruck auf dem Mount Everest (8 848 m) herrscht. ___ von 3

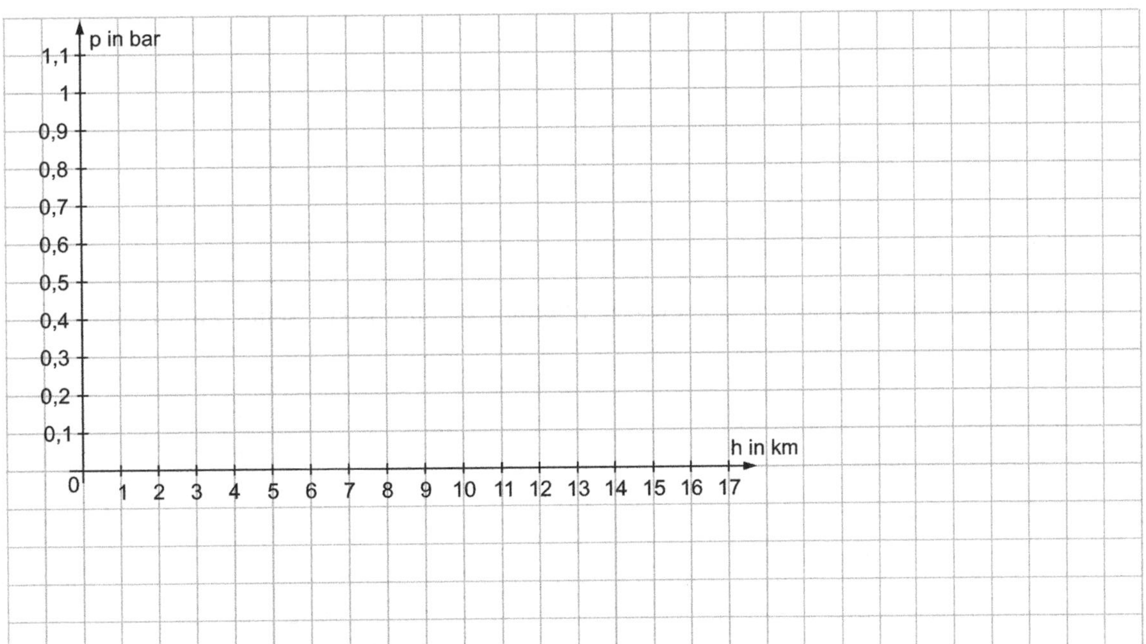

d) Schildere einen historischen Versuch zum Nachweis des Luftdrucks. ___ von 3

4. **Verdunsten und Verdampfen**

a) Erkläre den Vorgang des Verdunstens ausführlich mithilfe des Teilchenmodells. ___ von 3

b) Erläutere, worin sich das Verdunsten und das Verdampfen/Sieden einer Flüssigkeit unterscheiden. ___ von 2

c) Wovon ist es abhängig, wie schnell eine Flüssigkeit verdunstet? Nenne zwei Punkte. ___ von 2

d) Wasser wird von 0 °C so lange erwärmt, bis Wasserdampf von 120 °C vorliegt.
Zeichne in einem beschrifteten Q-ϑ-Diagramm den qualitativen Verlauf und erkläre diesen ausführlich. ___ von 7

5. Kraft auf stromdurchflossene Leiter

a) Erläutere, in welche Richtung sich der stromdurchflossene Leiter in der Abbildung bewegt.

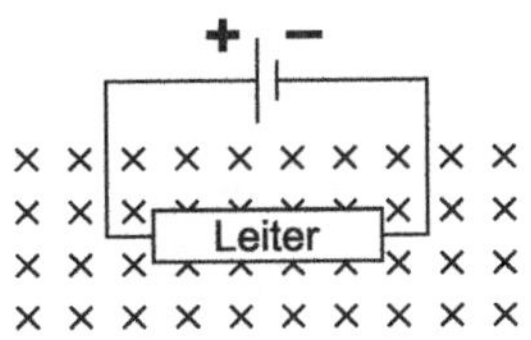

___ von 2

b) Zeichne einen Schaltplan so, dass zwei gerade, parallel verlaufende stromdurchflossene Leiter bzw. Drähte sich gegenseitig elektrisch anziehen. ___ von 2

Notenschlüssel

1	2	3	4	5	6
39–35	34–29	28–24	23–19	18–12	11–0

So lange habe ich gebraucht: ____________

So viele Punkte habe ich erreicht: ____________

Schulaufgabe 4

Inhalte: Elektromotor, elektrische Leistung, elektrische Ladung, elektrische Energie
Zeitbedarf: 45 Minuten

1. Elektromotor

a) Benenne in dem Bild die Bauteile 1 bis 5 des dargestellten Elektromotors. ___ von 4

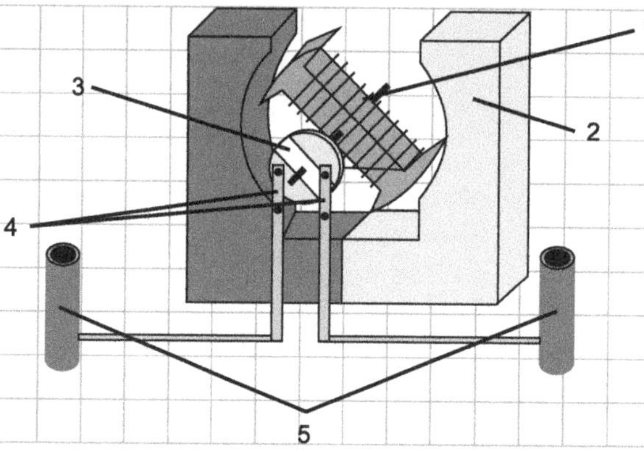

b) Erläutere, warum Bauteil 3 für die Funktionsweise wichtig ist. ___ von 2

2. Elektrische Leistung und Energie

a) In Prospekten von großen Elektrohändlern findet man häufig die Aussage „Stromverbrauch im Jahr 300 kWh“.
Ist dieser Satz physikalisch richtig? Begründe deine Antwort. ___ von 2

b) Ein Staubsauger mit einer Leistungsaufnahme von 1,5 kW wird 30 Minuten lang betrieben.
Berechne die Energiekosten, wenn der Preis für eine Kilowattstunde 32 ct beträgt. ___ von 3

3. Elektrische Leistung, Ladung und Energie 23

Ein elektrischer Stromkreis hat eine Spannungsquelle mit der Spannung von 6,0 V. Der Stromkreis bleibt eine halbe Minute geschlossen und dabei fließt ein Strom von 1,2 A.

a) Welche Ladung wird in dieser Zeit durch den Stromkreis transportiert? ___ von 3

b) Berechne die elektrische Energie, die dabei umgewandelt wird. ___ von 3

c) Welche Leistung wird bei diesem Vorgang umgesetzt? ___ von 3

4. Eine Seilbahn transportiert in 5 min eine Last von 2 000 kg auf einen Berg. Die Seilbahn wird mit einem Elektromotor betrieben. Die Betriebsspannung beträgt 1,2 kV. Dabei fließt ein elektrischer Strom von 30 A. Der Wirkungsgrad des Elektromotors beträgt 80 %.
Berechne, welche Höhendifferenz die Seilbahn überwindet.
Ortsfaktor: $g = 9{,}81 \frac{N}{kg}$ ___ von 6

5. Mit einem Wasserkocher werden in 3 min 500 g Wasser von 20 °C auf 90 °C erwärmt. Der Wasserkocher ist an das 230-V-Netz angeschlossen, es wird die Stromstärke 4,4 A gemessen.
Berechne die Leistungsaufnahme und -abgabe des Wasserkochers sowie seinen Wirkungsgrad.
Spezifische Wärmekapazität Wasser: $c = 4{,}18 \frac{kJ}{kg \cdot °C}$ ___ von 5

Notenschlüssel

1	2	3	4	5	6
31–28	27–24	23–19	18–14	13–7	6–0

So lange habe ich gebraucht: ____________

So viele Punkte habe ich erreicht: ____________

Schulaufgabe 5

Inhalte: Elektrische Leistung, elektrische Energie, Leiterkennlinie, elektrischer Widerstand

Zeitbedarf: 45 Minuten

1. **Elektrische Energie und Erwärmungsgesetz**

Ein elektrischer Tauchsieder hat einen Wirkungsgrad von $\eta = 85\ \%$. Der Tauchsieder wird mit einer Spannung $U = 230\ V$ betrieben und es fließt dabei ein Strom $I = 4{,}3\ A$.
Berechne, wie lange es dauern wird, bis der Tauchsieder bei einer Masse von 2,0 kg Wasser eine Temperaturerhöhung von 75 °C hervorgerufen hat.
Spezifische Wärmekapazität Wasser: $c = 4{,}18\ \frac{kJ}{kg \cdot °C}$

___ von 5

2. **Elektrische Leistung und Wirkungsgrad**

Eine elektrisch betriebene Pumpe pumpt in 15 Minuten 20 m^3 Wasser aus einem 3,0 m tiefer gelegenen Keller. Die Pumpe ist an das 230-V-Netz angeschlossen und es wird eine Stromstärke von 5,0 A gemessen.
Berechne den Wirkungsgrad der Pumpe.
1 ℓ Wasser $\triangleq$ 1 kg; Ortsfaktor in Europa: $g = 9{,}81\ \frac{N}{kg}$

___ von 5

3. Elektrische Leistung und Energie

a) Auf einer Glühbirne befindet sich die Aufschrift 230 V / 100 W.
Berechne die Stromstärke I, die der elektrische Strom im Glühfaden der eingeschalteten Glühlampe hat.

___ von 2

b) Was kostet der Betrieb der Glühlampe, wenn diese 8,0 Stunden leuchtet und der Preis für eine Kilowattstunde 32 ct beträgt?

___ von 3

c) In welcher Zeit nimmt die Glühlampe die elektrische Energie W = 1,0 kWh auf?

___ von 3

4. Leiterkennlinie (1)

Zeichne den Verlauf der Leiterkennlinie von Kupfer in ein U-I-Diagramm und erkläre diesen Verlauf anhand des Teilchenmodells.

___ von 4

5. **Leiterkennlinie (2)**

In einem Versuch soll der Zusammenhang zwischen der Länge ℓ eines Leiters und seinem Widerstand untersucht werden. Es werden jeweils der Strom I durch den Leiter und die Spannung U am Leiter gemessen. Dabei ergeben sich folgende Messwerte:

ℓ in m	0,0	0,25	0,50	0,75	1,0
U in V	0,0	1,0	1,4	1,6	1,7
I in A	0,0	1,35	0,95	0,75	0,60

a) Fertige eine Schaltskizze für den Versuchsaufbau an. ___ von 2

b) Werte die Messreihe rechnerisch und grafisch aus. Nutze für die rechnerische Auswertung obige Tabelle. ___ von 4

c) Formuliere ein Versuchsergebnis. ___ von 1

6. Spezifischer Widerstand

Ein Kupferdraht hat eine Länge von $\ell = 10$ m. Der spezifische Widerstand von Kupfer beträgt $\rho = 0{,}017\ \frac{\Omega \cdot mm^2}{m}$. In einem Experiment wird eine Spannung von $U = 0{,}50$ V angelegt. Dabei fließt ein Strom von $I = 0{,}25$ A.

a) Beschreibe, was der Zahlenwert des spezifischen Widerstands $\rho = 0{,}017\ \frac{\Omega \cdot mm^2}{m}$ besagt. ___ von 2

b) Ermittle rechnerisch die Querschnittsfläche des Drahtes. ___ von 5

Notenschlüssel

1	2	3	4	5	6
36–32	31–27	26–21	20–15	14–8	7–0

So lange habe ich gebraucht: ____________

So viele Punkte habe ich erreicht: ____________

Schulaufgabe 6 I

Inhalte: Leiterkennlinie, Gesetz von Ohm, spezifischer Widerstand, Halbleiter

Zeitbedarf: 45 Minuten

1. Leiterkennlinie

In unten stehendem U-I-Diagramm ist für einen elektrischen Leiter der Zusammenhang zwischen Stromstärke und Spannung dargestellt.

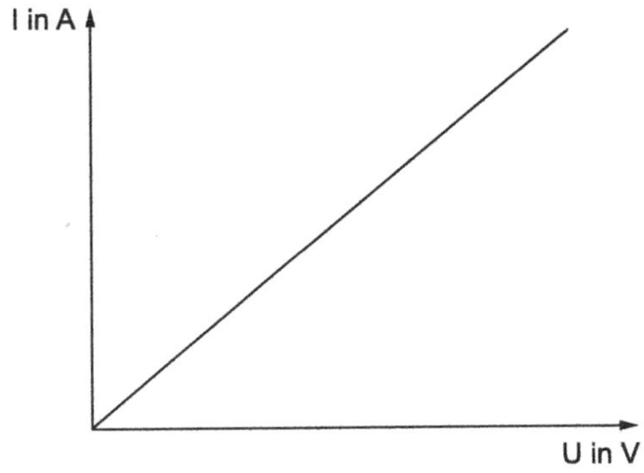

a) Interpretiere den Verlauf des Graphen und gib ein mögliches Material an, aus dem der Leiter bestehen könnte. ___ von 3

b) Ergänze das Diagramm um den Verlauf der Kennlinie von Kohle. ___ von 2

2. Gesetz von Ohm und spezifischer Widerstand

a) Beschreibe anhand einer Schaltskizze einen Versuchsaufbau, mit dessen Hilfe man den Zusammenhang zwischen der Querschnittsfläche eines Leiters und seinem elektrischen Widerstand bestimmen kann. ___ von 3

b) Erkläre, welches Ergebnis man erhält. ___ von 2

c) Gib an, wie der Widerstand ganz allgemein definiert ist und welche Einheit er hat. ___ von 2

d) Grenze das Gesetz von Ohm von der Definition des elektrischen Widerstands ab. ___ von 2

e) In unten stehender Schaltskizze ist der folgende Versuchsaufbau gezeigt: Ein metallischer Leiter ist mit einer Spannungsquelle verbunden, die Stromstärke durch den Leiter wird mit dem Amperemeter gemessen. In einem Becken befindet sich Eiswasser, in das der Leiter getaucht werden kann.

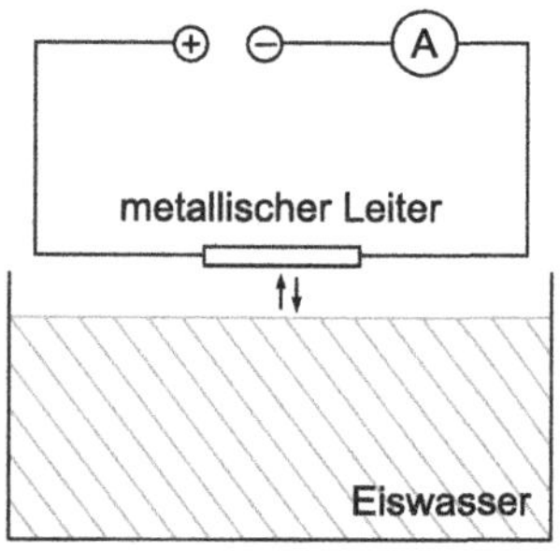

Welche Beobachtung wird man machen, wenn der Leiter in das Eiswasser getaucht wird? Erkläre die Beobachtung mithilfe des Teilchenmodells. ___ von 4

3. Halbleiter

31

a) Beschreibe den Vorgang der Eigenleitfähigkeit in einem reinen Halbleiterkristall. ___ von 3

b) Erkläre, was geschieht, wenn man einen Halbleiter p- oder n-dotiert. ___ von 4

c) Erkläre die Funktionsweise unten stehender Solarzelle ausführlich. ___ von 5

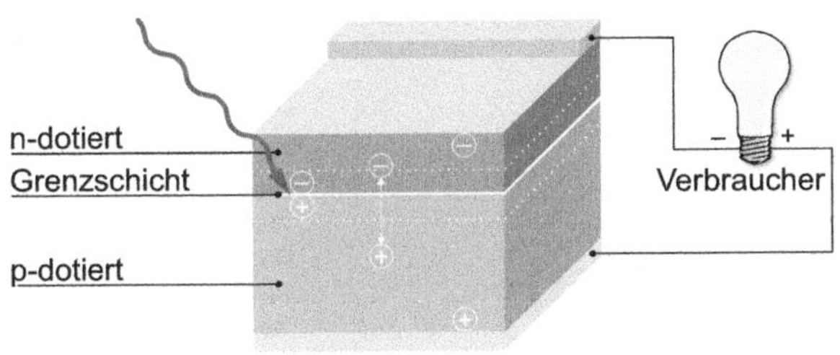

Notenschlüssel

1	2	3	4	5	6
30–26	25–21	20–16	15–12	11–6	5–0

So lange habe ich gebraucht: ____________

So viele Punkte habe ich erreicht: ____________